AF203351

MEINE REISE NACH

_____

IN DER ZEIT

VON _____

BIS _____

ICH REISE MIT

_____

_____

_____

ISBN: 978-3-96443-970-3

Erstauflage 2019
2019 Stay Inspired!
Versand und Vertrieb durch Nova MD
Raiffeisenstraße 4
83377 Vachendorf

Printed in Czech Republic

 stayinspired.official
 stayinspired.official
 stayinspired_official

www.stayinspired.de

MEIN *Reisetagebuch*

Ort   Datum

DAS SCHÖNSTE ERLEBNIS HEUTE

_____

_____

_____

_____

SO VERLIEF DER TAG

_____

_____

_____

_____

_____

_____

_____

WIE ICH MICH HEUTE FÜHLE

▢ ENTSPANNT ▢ FREI ▢ AUFGEDREHT ▢ ....

▢ GLÜCKLICH ▢ ERFÜLLT ▢ DANKBAR ▢ ....

▢ AUFGEREGT ▢ GELIEBT ▢ FRÖHLICH ▢ ....

WAS NOCH GEPLANT IST

_____

_____

_____

_____

STIMMUNG

MEIN TAG IN HERZEN

TAG

Ort | Datum

SO ENTSPANNT BIN ICH SCHON

01 02 03 04 05 06 07 08 09 10

UNENTSPANNT

SEHR ENTSPANNT

MEIN TAG IN EINEM WORT

DAS HAB ICH HEUTE ERLEBT

MEIN HIGHLIGHT DES TAGES

_____

_____

_____

_____

MEINE NOTIZEN

MEIN TAG IN HERZEN

Ort   Datum

WIE SICH DIESER TAG ANFÜHLT

_____

_____

_____

_____

MEIN TAG HEUTE

_____

_____

_____

_____

_____

_____

_____

_____

_____

_____

_____

_____

_____

♡ ♡ ♡ ♡ ♡

MEIN TAG IN HERZEN

WAS ICH MIR FÜR MORGEN WÜNSCHE

TAG

Ort

Datum

DAS SCHÖNSTE ERLEBNIS HEUTE

SO VERLIEF DER TAG

WIE ICH MICH HEUTE FÜHLE

- ENTSPANNT
- GLÜCKLICH
- AUFGEREGT

- FREI
- ERFÜLLT
- GELIEBT

- AUFGEDREHT
- DANKBAR
- FRÖHLICH

- ....
- ....
- ....

WAS NOCH GEPLANT IST

_____

_____

_____

_____

STIMMUNG

MEIN TAG IN HERZEN

Ort

Datum

SO ENTSPANNT BIN ICH SCHON

01   02   03   04   05   06   07   08   09   10

UNENTSPANNT   SEHR ENTSPANNT

MEIN TAG IN EINEM WORT

DAS HAB ICH HEUTE ERLEBT

MEIN HIGHLIGHT DES TAGES

_____

_____

_____

_____

MEINE NOTIZEN

MEIN TAG IN HERZEN

Ort

Datum

WIE SICH DIESER TAG ANFÜHLT

_____

_____

_____

_____

MEIN TAG HEUTE

_____

_____

_____

_____

_____

_____

_____

_____

_____

_____

_____

_____

♡ ♡ ♡ ♡ ♡

MEIN TAG IN HERZEN

WAS ICH MIR FÜR MORGEN WÜNSCHE

Ort   Datum

DAS SCHÖNSTE ERLEBNIS HEUTE

_____

_____

_____

_____

SO VERLIEF DER TAG

_____

_____

_____

_____

_____

_____

_____

WIE ICH MICH HEUTE FÜHLE

ENTSPANNT	FREI	AUFGEDREHT
GLÜCKLICH	ERFÜLLT	DANKBAR
AUFGEREGT	GELIEBT	FRÖHLICH

WAS NOCH GEPLANT IST

_____

_____

_____

_____

STIMMUNG

MEIN TAG IN HERZEN

MOOD*board*

MEMORIES ARE FOREVER.

MOMENTE *festhalten*

MEINE SCHÖNSTEN ERINNERUNGEN.

DAS *Paradies* IST DA, WO ICH *bin.*

~ VOLTAIRE ~

MOMENTE *festhalten*

MEINE SCHÖNSTEN ERINNERUNGEN.

Nimm DIR
ZEIT *zu*
leben

TAKE *a picture*

SMILE

Cheeeesssseeeee

TAG

....

Ort	Datum

○　　　○　　　○　　　○　　　○　　　○

DAS SCHÖNSTE ERLEBNIS HEUTE

_____

_____

_____

_____

SO VERLIEF DER TAG

_____

_____

_____

_____

_____

_____

_____

WIE ICH MICH HEUTE FÜHLE

☐ ENTSPANNT   ☐ FREI   ☐ AUFGEDREHT   ☐ ....

☐ GLÜCKLICH   ☐ ERFÜLLT   ☐ DANKBAR   ☐ ....

☐ AUFGEREGT   ☐ GELIEBT   ☐ FRÖHLICH   ☐ ....

WAS NOCH GEPLANT IST

_____

_____

_____

_____

STIMMUNG

♡ ♡ ♡ ♡ ♡

MEIN TAG IN HERZEN

25

TAG

Ort   Datum

SO ENTSPANNT BIN ICH SCHON

01   02   03   04   05   06   07   08   09   10

UNENTSPANNT   SEHR ENTSPANNT

MEIN TAG IN EINEM WORT

DAS HAB ICH HEUTE ERLEBT

_____

_____

_____

_____

_____

_____

MEIN HIGHLIGHT DES TAGES

_____

_____

_____

_____

MEINE NOTIZEN

MEIN TAG IN HERZEN

Ort

Datum

WIE SICH DIESER TAG ANFÜHLT

MEIN TAG HEUTE

_____

_____

_____

_____

_____

♡   ♡   ♡   ♡   ♡

MEIN TAG IN HERZEN

WAS ICH MIR FÜR MORGEN WÜNSCHE

Ort

Datum

DAS SCHÖNSTE ERLEBNIS HEUTE

_____

_____

_____

_____

SO VERLIEF DER TAG

_____

_____

_____

_____

_____

_____

_____

_____

WIE ICH MICH HEUTE FÜHLE

ENTSPANNT	FREI	AUFGEDREHT	....
GLÜCKLICH	ERFÜLLT	DANKBAR	....
AUFGEREGT	GELIEBT	FRÖHLICH	....

WAS NOCH GEPLANT IST

_____

_____

_____

_____

STIMMUNG

MEIN TAG IN HERZEN

TAG

Ort

Datum

SO ENTSPANNT BIN ICH SCHON

| 01 | 02 | 03 | 04 | 05 | 06 | 07 | 08 | 09 | 10 |

UNENTSPANNT

SEHR ENTSPANNT

MEIN TAG IN EINEM WORT

DAS HAB ICH HEUTE ERLEBT

MEIN HIGHLIGHT DES TAGES

_____

_____

_____

_____

MEINE NOTIZEN

MEIN TAG IN HERZEN

Ort

Datum

WIE SICH DIESER TAG ANFÜHLT

_____

_____

_____

_____

MEIN TAG HEUTE

_____

_____

_____

_____

_____

_____

_____

_____

_____

_____

_____

_____

♡ ♡ ♡ ♡ ♡

MEIN TAG IN HERZEN

WAS ICH MIR FÜR MORGEN WÜNSCHE

TAG

Ort

Datum

○　　○　　○　　○　　○　　○

DAS SCHÖNSTE ERLEBNIS HEUTE

_____

_____

_____

_____

SO VERLIEF DER TAG

_____

_____

_____

_____

_____

_____

_____

WIE ICH MICH HEUTE FÜHLE

ENTSPANNT	FREI	AUFGEDREHT	....
GLÜCKLICH	ERFÜLLT	DANKBAR	....
AUFGEREGT	GELIEBT	FRÖHLICH	....

WAS NOCH GEPLANT IST

_____

_____

_____

_____

STIMMUNG

MEIN TAG IN HERZEN

URLAUBS*sound*

MEINE REISE-PLAYLIST.

Music
IN YOUR
soul

DAS MERK *ich mir*

WAS ICH MIR UNBEDINGT FÜR ZUHAUSE MERKEN MUSS.

MOODboard

MEMORIES ARE FOREVER.

MOMENTE *festhalten*

MEINE SCHÖNSTEN ERINNERUNGEN.

Let's go ON AN adventure

MOMENTE *festhalten*

MEINE SCHÖNSTEN ERINNERUNGEN.

Enjoy
EVERY
moment

_____

_____

_____

_____

_____

_____

_____

_____

_____

_____

_____

_____

_____

_____

TAKE *a picture*

SMILE

Cheeeessseeeee

Ort   Datum

DAS SCHÖNSTE ERLEBNIS HEUTE

_____
_____
_____
_____

SO VERLIEF DER TAG

_____
_____
_____
_____
_____
_____
_____
_____

WIE ICH MICH HEUTE FÜHLE

ENTSPANNT	FREI	AUFGEDREHT
GLÜCKLICH	ERFÜLLT	DANKBAR
AUFGEREGT	GELIEBT	FRÖHLICH

WAS NOCH GEPLANT IST

_____

_____

_____

_____

STIMMUNG

MEIN TAG IN HERZEN

Ort

Datum

SO ENTSPANNT BIN ICH SCHON

| 01 | 02 | 03 | 04 | 05 | 06 | 07 | 08 | 09 | 10 |

UNENTSPANNT

SEHR ENTSPANNT

MEIN TAG IN EINEM WORT

DAS HAB ICH HEUTE ERLEBT

_____

_____

_____

_____

_____

_____

MEIN HIGHLIGHT DES TAGES

_____

_____

_____

_____

MEINE NOTIZEN

MEIN TAG IN HERZEN

Ort   Datum

WIE SICH DIESER TAG ANFÜHLT

_____

_____

_____

_____

MEIN TAG HEUTE

_____

_____

_____

_____

_____

_____

_____

_____

_____

_____

_____

_____

_____

MEIN TAG IN HERZEN

WAS ICH MIR FÜR MORGEN WÜNSCHE

Ort _____ Datum _____

DAS SCHÖNSTE ERLEBNIS HEUTE

_____

_____

_____

_____

_____

SO VERLIEF DER TAG

_____

_____

_____

_____

_____

_____

_____

_____

WIE ICH MICH HEUTE FÜHLE

☐ ENTSPANNT	☐ FREI	☐ AUFGEDREHT	☐ ....
☐ GLÜCKLICH	☐ ERFÜLLT	☐ DANKBAR	☐ ....
☐ AUFGEREGT	☐ GELIEBT	☐ FRÖHLICH	☐ ....

WAS NOCH GEPLANT IST

_____

_____

_____

_____

STIMMUNG

MEIN TAG IN HERZEN

Ort   Datum

SO ENTSPANNT BIN ICH SCHON

01   02   03   04   05   06   07   08   09   10

UNENTSPANNT   SEHR ENTSPANNT

MEIN TAG IN EINEM WORT

DAS HAB ICH HEUTE ERLEBT

MEIN HIGHLIGHT DES TAGES

_____

_____

_____

_____

MEINE NOTIZEN

MEIN TAG IN HERZEN

TAG

Ort

Datum

WIE SICH DIESER TAG ANFÜHLT

_____

_____

_____

_____

MEIN TAG HEUTE

_____

_____

_____

_____

_____

_____

_____

MEIN TAG IN HERZEN

WAS ICH MIR FÜR MORGEN WÜNSCHE

Ort

Datum

DAS SCHÖNSTE ERLEBNIS HEUTE

_____

_____

_____

_____

SO VERLIEF DER TAG

_____

_____

_____

_____

_____

_____

_____

_____

WIE ICH MICH HEUTE FÜHLE

☐ ENTSPANNT   ☐ FREI   ☐ AUFGEDREHT   ☐ ....

☐ GLÜCKLICH   ☐ ERFÜLLT   ☐ DANKBAR   ☐ ....

☐ AUFGEREGT   ☐ GELIEBT   ☐ FRÖHLICH   ☐ ....

WAS NOCH GEPLANT IST

_____

_____

_____

_____

STIMMUNG

MEIN TAG IN HERZEN

LIEBLINGS*essen*

SO SCHMECKT MEINE REISE.
DIE LECKERSTEN GERICHTE.

EAT
well
travel
OFTEN

- _____
- _____
- _____

- _____
- _____
- _____
- _____
- _____
- _____
- _____
- _____
- _____
- _____
- _____

DAS MERK *ich mir*

DIESES REZEPT KOCHE ICH ZUHAUSE NACH.

MOOD*board*

MEMORIES ARE FOREVER.

MOMENTE *festhalten*

MEINE SCHÖNSTEN ERINNERUNGEN.

TO
travel
IS TO
live

MOMENTE *festhalten*

MEINE SCHÖNSTEN ERINNERUNGEN.

Life
IS A
journey

_____

_____

_____

_____

_____

_____

_____

_____

_____

_____

_____

_____

_____

_____

TAKE *a picture*

SMILE

Cheeeessseeee

REISErückblick

DER LUSTIGSTE MOMENT

_____

_____

_____

_____

_____

DAS SCHÖNSTE ERLEBNIS

_____

_____

_____

_____

_____

_____

_____

WAS ICH MIT 80 NOCH ERZÄHLEN WERDE

_____

_____

_____

_____

_____

MEINE EINDRÜCKE

_____

_____

_____

_____

_____

_____

_____

_____

_____

_____

LAND & SEA

GUT *geplant*

REISE*planer*

DAS IST MEINE REISEROUTE. DAS PLANE ICH.

TAG 01

_____

_____

_____

TAG 02

_____

_____

_____

TAG 03

_____

_____

_____

TAG 04

_____

_____

_____

TAG 05

_____

_____

_____

TAG 06

_____

_____

_____

TAG 07

_____

_____

_____

TAG 08

_____

_____

_____

NOTIZEN

_____

_____

_____

TAG 09

TAG 10

TAG 11

TAG 12

NOTIZEN

TAG 13

_____

_____

_____

TAG 14

_____

_____

_____

TAG 15

_____

_____

_____

TAG 16

_____

_____

_____

NOTIZEN

_____

_____

_____

TAG 17

_____

_____

_____

TAG 18

_____

_____

_____

TAG 19

_____

_____

_____

TAG 20

_____

_____

_____

TAG 21

_____

_____

_____

GUTE *Tipps*

Informiere dich über dein Reiseland und die dortigen Gesetze & Gepflogenheiten. In vielen Ländern müssen beispielsweise die Schultern und Knie bedeckt sein, wenn man religiöse Stätten besichtigen möchte.

Informiere dich, welche Sprache in deinem Reiseland gesprochen wird und eigne dir die wichtigsten Begriffe und Höflichkeitsformen an.

Informiere dich, wo sich in deinem Reiseland die deutsche Botschaft befindet und notiere dir die Adresse.

Für manche Aktivitäten solltest du dir vorab online oder beim Veranstalter Tickets besorgen. Das gilt für viele Sehenswürdigkeiten, Führungen oder auch Ausflüge wie Boots- & Schnorcheltouren. Die Enttäuschung ist groß, wenn du vor Ort keine Tickets oder Termine bekommst.

NOTIZEN

_____
_____
_____
_____

GUTE *Reise*

WICHTIGE DINGE, DIE ICH NICHT VERGESSEN SOLLTE.

- FALLS FÜR DEINE REISE NÖTIG, VIGNETTEN BESORGEN ★ ○
- KREDITKARTE CHECKEN BZW. ANFORDERN ★ ○
- BARGELD IN LANDESWÄHRUNG WECHSELN ★ ○
- REISEFÜHRER UND KARTEN BESORGEN ○
- FALLS NÖTIG, VISUM BEANTRAGEN ★ ○
- AUSWEIS & REISEPASS AUF GÜLTIGKEIT PRÜFEN ★ ○
- REISEKRANKENVERSICHERUNG CHECKEN ★ ○
- REISERÜCKTRITTSVERSICHERUNG CHECKEN ★ ○
- NÖTIGE IMPFUNGEN ERLEDIGEN ★ ○
- KOPIEN VON AUSWEIS & WICHTIGEN DOKUMENTEN MACHEN ○
- REISEAPOTHEKE VORBEREITEN ○
- FAMILIE BESCHEID GEBEN & ADRESSEN HINTERLEGEN ○
- HAUSSCHLÜSSEL FÜR NOTFÄLLE BEIM NACHBARN DEPONIEREN ○
- BLUMEN GIEßEN ORGANISIEREN ○
- UNTERBRINGUNG/VERSORGUNG DER HAUSTIERE ORGANISIEREN ★ ○
- AUSLANDSTARIFE FÜRS HANDY CHECKEN ○
- NOTFALL-TELEFONNUMMERN RAUSSUCHEN ○
- REISETICKETS & HOTEL VOUCHER CHECKEN ○

★ Die mit dem Stern gekennzeichneten Punkte solltest Du **mindestens 4-6 Wochen** vor Beginn deiner Reise **oder früher** erledigen.

GUTEN *Flug*

TIPPS FÜR EINEN ENTSPANNTEN FLUG

- Dicke Socken und warme Kleidung für den Flug einpacken. Im Flugzeug kann es sehr kalt sein.

- Nackenkissen mitnehmen.

- Mach dich vorab schlau, was ins Handgepäck darf und was nicht.

- Die Luft im Flugzeug ist sehr trocken, Feuchtigkeitscreme und Lippenbalsam in Reisegröße lassen dich auch nach langen Flügen strahlen.

- Ein Rucksack ist immer praktischer als eine Handtasche, vor allem wenn man viel laufen muss.

- Packe dir Notfallkleidung ins Handgepäck, falls dein Gepäck verloren geht.

- Bücher, Handy, Ladekabel & Co. nicht vergessen, so ist der Langstreckenflug gut genutzt.

- Plane frühzeitig die Transfers zum Flughafen und zu deiner Unterkunft.

- Checke früh genug, wie viel Gewicht dein Gepäck haben darf.

- Auch für das Handgepäck gibt es Regelungen bei Größe, Form & Gewicht. Erkundige dich bei deiner Airline was erlaubt ist.

- Achte darauf im Flugzeug genügend zu trinken (kein Alkohol).

- Eigene Kopfhörer mitnehmen, oder, falls du schlafen möchtest, Ohropax.

- Die Plätze an den Notausgängen verschaffen dir mehr Beinfreiheit. Du kannst sie dir bei der Buchung auswählen.

- Achte auf bequemes und praktisches Schuhwerk. Flughäfen sind oft sehr groß und man muss weite Strecken laufen.

- Prüfe am Tag vor der Abreise und auch am Flughafen nochmals deine Flüge. Manchmal werden die Terminals oder Abflugzeiten kurzfristig geändert.

- Es ist sinnvoll immer einen Kugelschreiber im Handgepäck zu haben.

HANDY & Apps

SO WIRD MEINE REISE ENTSPANNT & EINFACH.

WETTER-APP ◯

- Regnet es? Wie ist die Temperatur morgen? Um deine Tagesausflüge besser zu planen oder um dir einen Überblick über das Wetter zu verschaffen (z.B. WeatherPro *Android, iOS*).

NAVIGATIONS- & KARTEN-APP ◯

- Praktisch für Stadttouren oder Ausflüge – so kommst du immer sicher an dein Ziel (z.B. HERE WeGo *Android, iOS*).

ÜBERSETZUNGS-APP ◯

- Diese App erleichtert dir das Leben ungemein (z.B. Google Übersetzer *Android, iOS*).

REISEFÜHRER-APP ◯

- Was solltest du dir unbedingt ansehen? Hier findest du die besten Tipps und Infos zu deinem Urlaubsort (z.B. tripwolf *Android, iOS*).

WÄHRUNGSRECHNER-APP ◯

- Damit du nicht den Überblick über dein Budget verlierst, ist eine Währungsrechner-App ein toller Reisebegleiter (z.B. XE Currency *Android, iOS*).

RESTAURANTS & AUSFLÜGE

* Das beste oder günstigste Restaurant in deiner Nähe finden? Hier findest du alles was du suchst, inklusive vieler Bewertungen. So gibt es keine Enttäuschungen beim Essen und Erleben (z.B. TripAdvisor *Android*, *iOS*).

SPOTIFY & NETFLIX

* Du möchtest im Flugzeug eigene Filme und Serien schauen oder aber deine Spotify Playlist rauf- und runterhören? Denke schon Zuhause daran, deine Playlists, Filme & Serien für die Offlinenutzung bereit zu stellen.

* Viele der Apps funktionieren auch offline, aber keine Sorge in den meisten Hotels, Hostels, Ferienanlagen usw. gibt es heute freies W-LAN. Frage einfach bei der Buchung danach oder mach dich im Internet schlau.

* Vergiss nicht, dich bei deinem Mobilfunkanbieter über Zusatzkosten für Internet und Telefon zu informieren. So erlebst du keine bösen Überraschungen.

GUTE *Tipps*

Parkplätze am Flughafen oder Bahnhof sind oft überteuert. Erkundige dich online über andere Parkmöglichkeiten.

Reiselektüre – Lesen entspannt und macht glücklich. Kümmere dich früh genug um passenden Lesestoff.

GUT *vorbereitet*

ICH PACKE MEINEN KOFFER.

- SONNENSCHUTZ ○ ○
- ALOE VERA GEL ○ ○
- REISEAPOTHEKE ○ ○
- WICHTIGE MEDIKAMENTE ○ ○
- SONNENBRILLE ○ ○
- MÜCKENSPRAY ○ ○
- LADEGERÄTE ○ ○
- REISESTECKER ○ ○
- ○ ○
- ○ ○
- ○ ○
- ○ ○
- ○ ○
- ○ ○
- ○ ○
- ○ ○
- ○ ○
- ○ ○

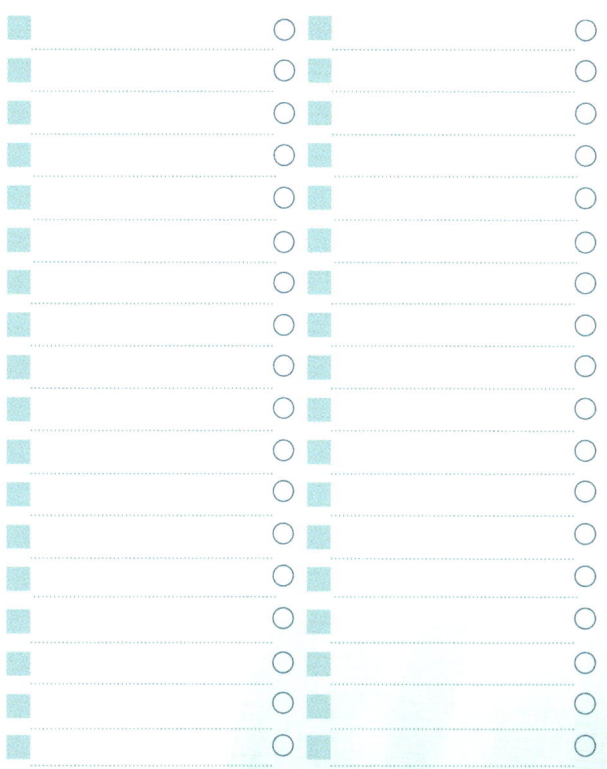

BUDGET*plan*

WIE VIEL DARF ICH AUSGEBEN UND WOFÜR?

WANN?	WOFÜR?	WIE VIEL?

WANN?	WOFÜR?	WIE VIEL?

TO-do

WAS ICH BIS ZUR REISE NOCH ERLEDIGEN MUSS.

- [ ] .... ○
- [ ] .... ○
- [ ] .... ○
- [ ] .... ○
- [ ] .... ○
- [ ] .... ○
- [ ] .... ○
- [ ] .... ○
- [ ] .... ○
- [ ] .... ○
- [ ] .... ○
- [ ] .... ○
- [ ] .... ○
- [ ] .... ○
- [ ] .... ○
- [ ] .... ○
- [ ] .... ○
- [ ] .... ○

- [ ] .... ○
- [ ] .... ○
- [ ] .... ○
- [ ] .... ○
- [ ] .... ○
- [ ] .... ○
- [ ] .... ○
- [ ] .... ○
- [ ] .... ○
- [ ] .... ○
- [ ] .... ○
- [ ] .... ○
- [ ] .... ○
- [ ] .... ○
- [ ] .... ○
- [ ] .... ○
- [ ] .... ○
- [ ] .... ○

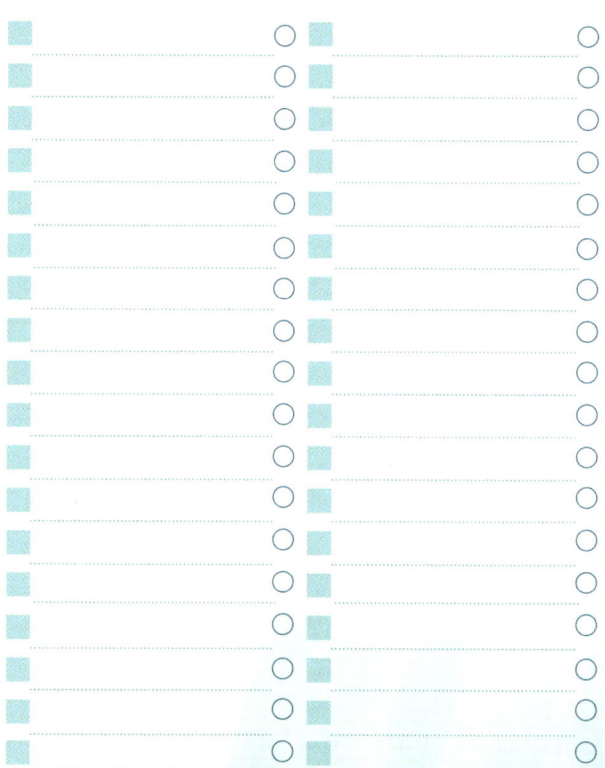

UND *tschüss*

- KÜHLSCHRANK LEEREN ○
- REISEPROVIANT VORBEREITEN ○
- MÜLL AUSLEEREN BZW. WEGBRINGEN ○
- KERZEN, OFEN & HEIZUNGEN AUS? ○
- ALLE LICHTER AUS? ○
- ALLE GERÄTE AUS & AUSGESTECKT? ○
- ALLE WICHTIGEN PERSONEN INFORMIERT? ○
- HAUSTIERE VERSORGT/UNTERGEBRACHT? ○
- ALLE TICKETS & VOUCHER GRIFFBEREIT IN DER TASCHE? ○
- AUSWEISE & KRANKENKARTE GRIFFBEREIT IN DER TASCHE? ○
- HANDY IN DER TASCHE? ○
- KUGELSCHREIBER EINGESTECKT? ○
- BRIEFKASTEN GELEERT? ○
- GELDBEUTEL DABEI? ○

GUTE *Tipps*

Plane ausreichend Zeit ein, um zum Flughafen oder der Bahn zu kommen. Besser zu früh als zu spät 😊

Bevor es nun losgeht, mache noch einen kurzen Rundgang durch dein Zuhause und gehe die Checkliste oben durch. Dann kannst du mit gutem Gefühl in den Urlaub fahren.

REISE *Challenges*

Frage Einheimische nach den besten Insider-Tipps.

Probiere eine landestypische Spezialität.

Besuche einen regionalen Markt und lasse dich von den Menschen & Eindrücken inspirieren.

Stehe früh auf und sieh dir einen Sonnenaufgang an.

Genieße einen Tag oder Ausflug offline, ohne Facebook & Instagram. Ein Tag ganz für dich alleine. Dann hast du Zeit, dich auf all die neuen Eindrücke zu konzentrieren und sie richtig zu erleben. Das Handy sollte natürlich für Notfälle in deiner Tasche sein.

Lege dir ein Erinnerungsstück zu, das du auch zu Hause immer bei dir tragen kannst.

Schicke einem lieben Menschen zu Hause eine Postkarte.

Lerne ein paar neue Wörter in der Landessprache.

MEINE *Notizen*

Tipp

Deine Sicherheit steht an erster Stelle: Erkundige dich vorab, ob und was in deinem Reiseland eventuell gefährlich für dich sein könnte. Sicher reisen, sicher wieder nach Hause kommen, das sollte immer an erster Stelle stehen.